David Merten
365 Tage im Wandel

Umschlaggestaltung, Illustration: David Merten
Lektorat, Korrektorat: David Merten
Übersetzung: nicht vorhanden
Herausgeber: David Merten
weitere Mitwirkende: nicht vorhanden

ISBN:978-3-7528-1111-7

Herstellung und Verlag: Bod – Books of Demand, Norderstedt

Bibliografische Information der Deutschen Nationalbibliothek:
Die Deutsche Nationalbibliothek verzeichnet diese Publikation in der
Deutschen Nationalbibliografie; detaillierte bibliografische Daten sind
im Internet über http://dnb.d-nb.de abrufbar.

Vorwort

Liebe Leserinnen und Leser,

die folgenden Werke wurden allesamt innerhalb eines Jahres, zwischen September 2017 und August 2018 verfasst. Der Ausgangspunkt dieser Werke war die Trennung von meiner jahrelangen Freundin, in ihnen verarbeite ich die Trennung mit all ihren Facetten, die diese hatte. Ich schrieb alle Stücke fernab davon, sie in der breiten Öffentlichkeit veröffentlichen zu wollen, dementsprechend ungefiltert und echt sind sie geworden. Natürlich sehe ich viele Dinge nun anders als beschrieben. Jedoch beschreiben diese Werke chronologisch den Entwicklungslauf meines Lebens und auch meiner Persönlichkeit. Die Gefühlspalette reicht vom Gefühl der Ohnmacht, bis hin zum Hass, zur Resignation, Hoffnung und Glück. Die Umstände, in welchen ich die meisten Stücke schrieb, waren wenig von Glück geprägt, hatte ich erst mein Arbeitsverhältnis gekündigt aufgrund eines Burnouts, kam eine schmerzhafte Trennung einher, welche mich schwerst depressiv machte über Monate hinweg. Finanziell musste ich 6 Monate mit

ALG1 auskommen, später mit nix, verlor deswegen meine Wohnung, stand mit einem Fuß auf der Straße, bis ich in Bonn eine neue, wunderbare Wohnung fand.

Der Ortswechsel wurde bewusst von mir gewählt, ich sah darin die einzige Möglichkeit mein Leben in die richtigen Bahnen zu legen. Ich habe Köln immer geliebt, doch gefühlt wurde alles, was ich an dieser Stadt liebte, von einigen Menschen kaputt gemacht.

Um es vorweg zu nehmen, sicherlich war die Trennung von meiner Exfreundin mit einer beispiellosen Bergabspirale verbunden, dennoch sehe ich mich nicht als Opfer einer bösen Ex, von vielen Menschen die auf einmal nicht mehr da waren oder der Welt. Es kam, wie es kommen musste und wahrscheinlich ist diese Zeit nötig gewesen, um mein Leben endlich in die richtigen Bahnen zu lenken, bestand mein Leben doch seit dem 16 Lebensjahr nur von einem exzessiven Wochenende zum nächsten zu stolpern. Ich habe gelernt, die einfachen Dinge schätzen zu lernen, einen Freund mit, dem ich ein Bier trinke oder einen Ausflug mit meiner Mutter zu machen. Dinge, die ich zwar auch damals schon gern tat, sie mir aber jetzt wertvoller erscheinen.

Prolog

Ich schreibe am Anfang das Ende,
das letzte Jahr, viel gesprochen,
erzählte Legende.
Hör mein Herz langsam wieder pochen.

Musste mich mit Themen auseinandersetzen,
wie konnte ich sie nur so verletzen,
wie konnte ich nur ihr Herz brechen,
konnte sich einer in meine Lage
hineinversetzen?

Wie konnte sie mir mein Glück nehmen,
tat auf mein Geburtstag und Weihnachten nix
geben,
ließ meine Mama mit großen Sorgen leben,
und wollte mir das Leben nehmen.

Immer wurde ich als Arschloch hingestellt,
jedoch ist das Opfer nicht auch Täter?
Hast du dich einmal für deine Psychospielchen
entschuldigt,
nein.

Hab ich's jemand erzählt?
Nein.
Werd ich's jemals erzählen?
Nein.

Denn du bist nix weiter als eine Erinnerung.

Mein Pepteller

Am 13.09.2017 wurde er geboren,
nein er kam aus der Hölle hervor,
er schaffte es, mich von meinem Schmerzen
zu verschonen!
Wir feierten täglich Weihnachten,
weil es bei uns täglich geschneit hatte,
eben wie Vater und Sohn,
blieben von Krisen nicht verschont,
denn kurz nach seiner Geburt, war Mama
weg,
unsere Liebe hielt sich in Grenzen,
doch zusammen hatten wir keine Ängste,
brachen ständig unser Versprechen,
selbst in den kältesten Nächten einmal zu
lächeln,
190 Euro Kinder monatlich in ihn investiert,
wie ein sich kümmernder Vater,

doch füllte er nie die Riesenlücke die da war!
Er erinnerte mehr und mehr nur noch an die Frau,
die sich eines Tages dazu entschied, dass sie mich nicht mehr braucht.
So begann ich diesen Bastard zu hassen,
und eines Tages den Entschluss zu fassen;
Ich will mein Leben nicht mehr mit ihm verschwenden,
drum tat ich ihn im Wasser ertränken,
schaffte, was mein eigener Vater nicht hinbekam;
Ein Mann, der seinem Sohn das Leben nahm.
Doch musste ich erkennen,
dadurch schien die Sonne auch nicht heller,
drum dreh ich mir meinen eigenen Strick im Keller,
Ich vermisse ihn,
meinen Pepteller.

Telegramm der Endlichkeit

Tag 78 aus dem Bunker,
der Morgen: kalt und grau
um mich herum: Verwüstung.
Die Bilder trauter Zweisamkeit, hing ich vor
Wochen schon hinunter.

Rede mir ein, dass ich niemanden brauch,
außer weißen Staub, und...
Nichts.
Bitter fade Melancholie.

Wie schön doch die Tage waren,
als die Sonne noch mit uns schien,
wo damals einst so viel Liebe war,
ist nun der Friedhof, auf dem Ich mein Herz
vergrab'.

Ich vermisse sie jeden einzelnen Tag,
der Sinn meines Lebens,
doch vermute, jeder Kampf um sie bleibt
vergebens.

Jetzt sitz' ich hier, mit einem Fuß im Grab,
denn nur ein Messer ist noch da.

Verwelkte Blüten

Ist mein Leben in einer Krise, bekommt ihr
nichts mehr zu trinken!
Weil ich so viel trinke? Wohl kaum!
Eher liege ich tagelang nur rum und verlasse
niemals den Raum!
Noch vor Wochen strahlte eure gesamte
Blütenpracht,
jetzt ähnelt ihr eher einen alten,
vertrockneten Ast!
Es tut mir leid, ich bin so ein schlechter
Mensch,
der außer Selbstmitleid nichts anderes kennt!
Darum musstet ihr verdursten, ce la vie,
doch keine Sorge, niemand kommt vorbei, der
euch so sieht!
Als ich tagelang nur heute, lag ich auf der
Couch,
wär' ich nur zu euch gekommen,
dann wären meine Tränen geflossen auf euch
drauf ,
so blieb mir nur eine riesen
Wasserverschwendung!
Doch alles schöne musste dran glauben, wie
auch mein Kontostand seit der letzten
Pfändung,

ihr verkörpert immerhin meine Gefühle nach
außen;
Sie sind auch tot,
nichts mehr da, was sie nähert,
euer Zustand, ein weiterer Stoß in mein
gebrochenes Herz.
Mein Efeu, ist der einzige Kämpfer und kein
Weichei,
der trotz wenig Wasser weiter rankt!

Thanatos

Der Traum, hat sich als Alptraum entpuppt,
seh' mich von der Hölle verschluckt,
jahrelang vom Teufel verführt,
Sodass es selbst mich nicht mehr juckt, wenn
ich stirb.

Hölle, Paradies.
Doch in Wahrheit gefangen in Kopfkrisen,
mein eigenes Verlies,
Verliebe mich in den Gedanken, mich zu
erschießen.

Doch ich seh' kein unterschied,
tot oder lebendig, es bleibt die gleiche Hölle,
die mich umgibt,
Trinke das nächste Glas gefüllt mit Schnaps,
und morgen schlag ich wieder in das
Spiegelbild, was ich so hass.

Demenz

Es fühlt sich, an als sei ich dement,
Weiß, da war irgendwas,
doch kann es nicht benn',
als würde jemand meine Erinnerung
verbrenn',
Gefühle sind erblasst,
und tue so, als würde ich sie nicht mehr
kennen.

Klinge

Stumpfe Messerklinge.
Mit Pizzaresten.
Das einzige, was ich in der Nähe finde!
Der Druck staut sich auf, bis ich innerlich
zerbreche!

Nehme dich panisch in die Hand,
6 schnelle Linien, tun der Seele gut,
lächelnd im Wahn beobachte ich, das
entrinnende Blut,
nicht mehr bei klaren Verstand.

Lege das Messer beiseite,
für mehr fehlt mir der Mut!?
Ende. Alles gegeben, aber nicht alles
versucht!?
Lege mich hin, warte auf den Beginn meiner
letzten Reise.

Das Wesen in meinem Schlafzimmer

Als meine Freundin mich verließ, konnte ich
Sie am ersten Tag schon ersetzen,
tja was ein Player ich bin, ja ich komme klar,
so kann man die Ex doch am besten verletzen!
Was für eine Lovestory - gute Zeiten, schlechte
Zeiten,
doch der Geruch seines eintönigen Essens,
wird mich auf ewig begleiten.
Ein komisches Wesen, dort im Schlafzimmer,
es kam sogar vor, dass wir Wochen nicht
sprachen,
wir haben uns ständig verschlafen, doch es
war wirklich da!
Da bin ich mir ganz sicher, brannten doch
ständig im Badezimmer die Lichter!
Und Gott, war es ein Trampeltier,
ständig wurde ich aus meinen Träumen
gerissen,
doch immerhin, traf es die Kloschüssel beim
Pissen!
Manchmal kam es auch raus,
dann chillten wir zusammen und verloren uns
im Rausch!
Am Ende gab es viel Zwist und Zank,
doch als es eine neue Wohnung fand, nahm es

die Beine in die Hand und verschwand!
Loyalität verbannt ich schon immer mit
diesem Mann,
dann, an den schwärzesten Tagen, als die
Liebe meines Lebens verschwand,
war er da für mich, dafür hat er mein ewigen
Dank!

2017 – the end

2017 neigt sich dem Ende entgegen,
Zeit um sich ein letztes Mal zurückzubegeben:
Fast vergessen, war ich doch am Anfang auf
der Welle des Erfolges gewesen,
alles was ich anfasste, wurde zu Gold,
alle Ziele erreicht, die ich mir setzte,
wusste nicht, wie ich das alles schätzen soll,
und auf einmal: der Wahn, der den Erfolg
ersetzte.
Gepeinigt von Kopfkrisen,
der ganze Druck der Außenwelt,
der es schaffte, dass ein Mann in sich zerfällt,
sogar es am Ende nicht mehr schaffte,
mit seiner Freundin in den Urlaub zu fliegen.
Burnout. Arbeitslos.
Kein Geld in den Taschen,

in derselben Woche, den Dolch sie mir in mein
Herz hinein stoß.
Was einen tollen Zeitpunkt sie sich dafür hat
einfallen lassen!
Der Rest der Geschichte schnell erzählt:
Fühlte mich seitdem manisch – depressiv,
niemand bisher so geliebt…
Und so blick ich zurück:
Verbittert, hasserfüllt und resigniert,
was ein abgefucktes Theaterstück,
wieso musste mir das passieren!?

Melancholie

Und am Ende fühle ich mich wie ein Verlierer.
Ein Verlierer, nach einem langen Kampf,
das Beste gegeben, aber es hat nicht gereicht.
Das Ende einer langen Reise, in den Händen:
nix.
Die Melancholie, der lähmende Smog um
mich herum.
Handlungsunfähig. Unfähig.
Unfähig, einen anderen Weg als zum
Kühlschrank zu gehen.
Unfähig, sich dem Menschen zu nähern, die
einem Wärme schenken.

Die Melancholie, sie lähmt.
Der Wille ist da, die Kraft jedoch ausgesaugt.
Ich will schreien, so laut wie es geht,
doch wer würde davon schon Notiz nehmen!?
Der Kampf scheint verloren.
Ein ganzes Leben auf der Suche nach Liebe,
rückblickend, immer ein Träumer gewesen,
doch suchte meinen Traum auf ewig
vergebens.

Geister die ich rief

Du hast mein Gewissen in deiner Hand,
sehe ein, dass ich dir geschadet habe,
mit Füßen all das getreten, was uns je
verband,
zu oft gebrochen, was ich dir versprachte.
Wird mich diese Schuld auf ewig begleiten?
Gefühlt bin ich jeden Tag am Leiden,
konnte nie Gefühle zeigen
und dir jeden Tag nur Kummer bereiten.
Glaub mir, ich wollt das nicht,
du solltest meine Königin sein,
doch stattdessen, brachte ich dich zum wein´
deshalb geh ich täglich hart mit mir ins
Gericht.

Ich finde mich selbst nur noch ätzend und
ekelhaft,
und tu mich selbst verletzten, weil ich mein
Leben hass'.
Es tut mir leid, dass du mich ertragen hast,
und ich hoffe, dass dein Leben nur noch
schöne Seiten umfasst.

Abschiedsbrief

Ich will hier weg,
einen Neuanfang,
altes vergessen.
Reboot oder Reset?
Viele Jahre aus, meinem Gedächtnis streichen,
damit den Regentropfen Sonnenstrahlen
weichen.
In meinen Gedanken gefangen,
durch Momente, die mich in die Knie
zwangen,
zwischen Depression und Schuldvorwürfen,
viele Geschichten, die einer Therapie
bedürfen.
Ich suche meinen Frieden,
meinen Glauben an die Liebe,
doch ist dieser Krieg schon entschieden!?

Die letzte Schlacht gewonnen,
doch kein Ende ist in Sicht,
verliere in dieser Stadt sämtliche Zuversicht.
Also gebe ich den Kampf auf!?
Ziehe mich zurück,
und suche woanders mein Glück?
Fragen, zu vielen Fragen,
die Sehnsucht anzukommen,
wann ich es schaffe, kann ich noch nicht
sagen.

Im a criminal

Schon immer war ich tight,
ich bin hart kriminell,
für jede Straftat stets bereit,
schon mit 15, haben die Cops bei Mama an
der Tür geschellt!
Nahmen meinen PC damals mit,
doch fanden sie darauf nix,
ich bin krasser als Kollegah,
dass ich mit meinen Taten prahl', vielleicht ein
Fehler.
Jetzt gehe ich gerne klauen,
nenn mich Robin Hood,
mein Leben, Material für Hollywood,

ich tu aus dem Netto Kinderschokolade
rauben.
Das Ende liegt nah.
Wahrscheinlich ist es mein Herz, das versagt,
drum tut mir ein Gefallen und leg nur eins mit
ins Grab,
den Süßkrom, den ich mir ohne bezahlen
nahm.

Identitätskrise

Wer bin ich,
nicht der, der ich dachte zu sein!?
Blendete mich jahrelang der Schein, der
eigenen Nichtigkeit?

Wer bin ich, wenn nicht ich?
Spielte mir die Wahrnehmung einen Streich?
So glaubte ich, zumindest einigen Menschen
wichtig zu sein,
oder war ich jahrelang ein Unsympath,
der die Trümmer um sich herum stets
übersah?

Zweifel, Zweifel an sich selbst,
Zweifel, an einer ganzen Dekade meines
Lebens,
ist der Deckmantel meiner Identität,
schlussendlich an meinen Träumen zerschellt?
Zweifel...
doch Antworten such ich heute Nacht
vergebens.

PS: Ich liebte dich

Dies werden die letzten Liebeszeilen von mir
sein,
ein letztes Mal, schreib ich sie auf,
so waren sie im Hass gefangen zu hauf',
sie sind frei, mein Herz leer und wird zu Stein.
Keiner konnte es verstehen,
meine Gefühle, konnten nicht vergehen,
Ich auch nicht!
Doch weiß ich, dass uns nix mehr verbind',
doch hör auf mein Herz, wenn ich hoffe,
dass der Kopf nicht gewinnt.
Drum lass ich sie das letzte Mal zu dir
sprechen:
Seh' dich ständig vor mir und deine

herzerwärmende Art,
dieses Gefühl, wenn du schlafend neben mir
lagst,
kann dein Lächeln nicht vergessen!
Du warst die einzige Konstante in mein Leben,
das Ziel einer langen Reise,
der Beweis: Am Ende hat es alles Sinn
ergeben,
und der Hass in mir wurde verhältnismäßig
leise.
Niemand war jemals so gut zu mir,
du warst mein Gegenstück,
hast mir die schönen Seiten am Leben gezeigt,
Seiten, für die meine Vorstellungskraft nicht
reicht.
Doch ich will nicht mehr zurück.
Habe genug rumgeheult,
doch es gibt noch ein paar Sachen, die ich dir
sagen wollt:
Du sagtest allen, ich hab dein Leben zur Hölle
gemacht,
leider stimmt das wohl.
Und du weißt, es stimmt, wenn ich sage, dass
ich mein Spiegelbild hass'!
Doch warum stellst du es als beabsichtigt da,
du wusstest, wie unsicher ich bin,
und ja, leider konnte ich nicht jeden Kampf in

mir gewinnen.
Doch rechtfertigt es, dass mich jeder mit
einem Monster
verbind´.
Unsere Geschichte, so weit fern, so muss ich
nicht weiter drüber reden,
doch verstand nie, dein anscheinend
vorhandenes Doppelleben,
gestern noch der Teufel bei jeden,
später tun wir uns wieder tagelang sehen.
Doch es ist egal, du musst mit diesen
Entscheidungen leben.
Meine Liebe ist verblasst,
Ich hab mir neue Ziele gefasst,
Darum sag ich dir ohne Hass:
Ich wünsche dir vom Herzen, dass alles bei dir
passt,
doch denke du daran,
dass ich deinetwegen Köln verlass!

Freund von Niemand

Meine Koffer sind gepackt,
ich hätte niemals gedacht, dass ich meine
Stadt verlasse,
doch muss mir eingestehen:
mein Lebenstraum ist geplatzt!
Zu viele Tränen sind geflossen,
so viel Blut wurde vergossen,
ich bin an alledem zerbrochen,
und auf ein Happy End ist nicht zu hoffen!
Dass ich gehe, fühlt sich an wie eine herbe
Niederlage,
Doch die letzten Wochen, waren für mich
allesamt kalte Regentage,
alles hier ist so tot!
Nur eine Frage der Zeit bis zur quälenden,
tödlichen Hungersnot!
Es tut so weh, diese Stadt hat mich, zu dem
gemacht, was ich bin,
habe 9,75 Jahre meinen Traum hier gefunden,
um jetzt hier zu stehen, mit hunderten
klaffenden Wunden! Also sagt mir; wo macht
das Kämpfen noch Sinn!?
Muss mich fragen: Waren die letzten vier
Jahre ein einziger Fehler!?
25 Jahre Arbeit hat mich dies gekostet!

Absturz. Wieder ganz unten beginnen,
doch auch diesen Kampf werde ich gewinnen!
Alle Tränen sind getrocknet!
Werde die Zeit tief in meinem Herzen
behalten,
mit euch lebte ich meinen Traum,
doch muss ich nun nach vorne schauen,
ich muss weiterziehen,
damit meine Mama mich noch einmal
scheinen sieht!

Trügerischer Schein

2 Bilder wie sie unterschiedlicher nicht sein könnten,
Siehst mich samstags in den Clubs dieser Stadt,
hast auch mit mir viel gelacht,
doch drehst du die Medaille, ist mein Lachen verblasst.

Jeden Sonntagabend kämpf' ich gegen mein Gewissen,
gegen die alten Geschichten,
meine innere Stimme lässt mich meine Fehler wissen,
und auch sie manchmal vermissen.

Enttäuscht von der Welt!
Enttäuscht von mir selbst!
Bin ich es, der innerlich zerfällt!?
Und mir wird langsam klar, dass mich hier nix mehr hält...

Antiheld

Nicht den geraden Weg,
nein, immer etwas schräg entlang,
keine Phase, die auch geht,
nein, so ist es schon mein Leben lang.
Rastlos, keine Pause,
entweder stoß ich mich, oder sie stoßen mich
weg,
ein ganzes Leben gefangen in diesem
Flummieffekt,
ein ganzes Leben, auf der Suche nach meinem
zu Hause.
Seh' harmonische Familienfotos,
schöne Momente, ohne mich bloß.
Fühl mich so weit weg von alledem,
und glaub auch, niemand legt wert mich zu
seh' n.
Entdecke meines Vaters Facebook Profil,
seh' ich seine Fresse, will ich reinschlagen
wünsch´ mir für seinen Kopf ein 9mm
Projektil,
und will ihn am liebsten neben einen
Scheißhaus begraben.
Denke an frühere Zeiten,
merke mal wieder, wie sie mich in den
Wahnsinn treiben,

konnte ich mir damals vor Glück nur die
Augen reiben,
tu ich mir heute mit Klingen in die Arme
schneiden.
Und so stoß ich mich wieder ab, beschreite
diesen einsamen Pfad,
male mir trotzdem eine rosige Zukunft aus,
mein Wille, ist meiner Depression noch immer
voraus,
und so übe ich mich weiter in diesem
kräftezehrenden Spagat.

Selbsterkenntnis

Leben eine Achterbahnfahrt, vom König zum
Bettler und zurück,
unverfilmte Hollywoodgeschichten,
ein schmaler Grat, zwischen Pech und Glück,
schon oft in Texten drüber Berichten.
Fühl mich wie ein König heut',
doch holt mich täglich die Vergangenheit ein,
welche ich bitter bereu',
für mich sind Hass und Liebe vereint,
beides so nah beieinander,
doch seh' jetzt meist die Sonne wie sie
scheint,

doch fühl ich mich im Gewissen trotzdem
nicht rein.
Die Tage sind hell geworden,
verschwunden viele meiner Sorgen,
steh´ hier schon lang nicht mehr allein,
weil ich versuche zu jedem möglichst grade zu
sein,
meine Freunde, meine Familie,
egal ob Essen oder Flaschen teilen,
egal ob gute oder schlechte Zeiten,
dank euch konnten meine Wunden verheilen
lasse mich nun nur noch vom Herzen leiten.
Und natürlich tu ich dich vermissen,
hältst in deinen Händen mein Gewissen.
Zwischen lachen und tränen,
habe ich alles in meinem Herz verinnerlicht,
und werde diesen Weg weiter gehen,
um irgendwann diese Geschichte zu
verstehen!
Hätte es gern oft einfacher gehabt,
hätte es vielen gern einfacher gemacht,
darauf verzichtet, mein Glück mit Füßen zu
treten,
gerne öfters gelacht,
Mama öfters glücklich gemacht,
und öfters geschlafen in der Nacht.

Kunst

Das ist Kunst,
sie entsteht,
weil mir langweilig ist.
Warum!?
Isso.

Vorbei – mein Garten Eden

Es ist vorbei,
ich packe meine Sachen,
25 Jahre passen in ein Dutzend
Bananenkartons!
Es ist vorbei.

Begegne vergangenem,
seh' die letzten Jahre vor meinem Auge,
viel bewegt, doch nix in der Hand.
Reset, neu Anfang.

Was hier begraben bleibt,
ist ein zerplatzter Lebenstraum,
eine Maske, in die ich nie reinpasste,
Absprung.

Dieser Ort, er zeigte mir wie Menschen sich verstellen,
wie sie Intrigen spinnen,
wie sie meine Werte mit Füßen treten,
somit haben sie meiner Seele das Grab geebnet.

Von beinahe niemanden wurde ich nicht enttäuscht,
auch wenn ich weiß, ein paar Jungs haben dies nie gewollt,
meine Geschichte hat mich zu lang verfolgt,
viel zu spät hab´ ich die Drogen bereut.

Und seh' ich manchmal den ganzen Spinnern ins Gesicht,
dann fragt euch, wer wüsste ohne mich nicht,
was ein Bruder ist!?
Hab für jeden Menschen mein letztes Hemd gegeben,
nur dafür, dass sie mir alles nehmen!

Doch es ist vorbei.
Eines Tages bin ich nicht mehr da,
weg, nicht mehr auffindbar,
meine Mailbox, dass letzte was euch bleibt.

Meine Pinnwand, die Chronik meines Untergangs,
lass ich sie als mein Denkmal stehen?
Doch mich werdet ihr nie wiedersehen.
Unterwegs in Richtung Wunderland.

Und so pack ich Karton um Karton,
um Frieden zu finden,
um mich zu finden,
um wieder Licht zu finden.

So such ich weiter, nach dem Sinn meines Lebens,
nach der Zeit, bei der ich mein, angekommen zu sein,
wo ich weiß, meine Schlachten kämpfe ich nicht mehr allein,
dieser Ort, mein persönlicher Garten Eden.

Alter Ego

Wie ein böser Dämon stehst du bei mir,
verschluckst mein wahres Ich,
wer von den Menschen weiß, dass es mich
gibt!?
Mein wahres ich, nur noch ein Name auf dem
Papier.

Will ich, dass es nicht so ist?
Will ich, dass du aus meinem Kopf
verschwindest?
Will ich, dass man mich nicht mehr mit dir
verbindet?
Will ich, dass du kein Teil mehr von mir bist?

Nein, auf gar keinen Fall,
du hast uns groß gemacht,
uns einen Namen vermacht,
ohne dich folgt der zerfall.

Ein Packt mit dem Teufel,
Merten ist das was, David nie war,
unbezwingbar.
Doch zwei Gesichter lassen sich nicht leugnen.

Rebot

Ich bin nüchtern,
Tage schon, ohne dass ich verrückt werde,
genieße die Sterne am Himmel,
kein nerviges Handy was klingelt.
Die Laune gut, beinahe unbeschwert,
dieses Gefühl, ist gefühlte Jahre her,
bin am Abend müde, aus natürlichen Grunde,
langsam verschließt sich die ehemals
klaffende Wunde.
Langsam fühlt sich alles wieder richtig an,
viel zu lange im Dreck gefangen,
erfreue mich wieder meines Lebens,
und tu langsam die schlechten Zeiten nicht
mehr sehen.
Jetzt geht es nur noch nach vorn,
seh' mein Feuer wieder brennen,
tu vor der Realität nicht mehr wegrennen,
und fühle mich wie neu gebor'n.

Status Quo (Mai 2018)

Der Winter meines Lebens ist
vorübergegangen,
die Kälte, hat alles um mich herum abgetötet,
war im Eisverlies gefangen,
bis ich die Schlagfrequenz erhöhte.
Seh' die Sonne jeden Tag über die Berge
hinaufsteigen,
hab' mein Traum wieder in der Hand,
weil ich mich neu erfand,
auf einmal waren alle Ratten am Schweigen.
Von hundert Menschen, ist eine Handvoll
noch da,
doch reicht schon aus,
einer handvoll Menschen kann ich vertrau'n!
Und vergesse alles, was einmal war.
Grab nun sleepless' sein Grab,
den Platz an der Sonne erklommen,
konnte ich den Dämonen entkommen,
und freue mich, auf die Jahre die ich noch
hab!

Flashback

Ein kurzer Moment, in dem die Traurigkeit
überwiegt,
Momente, in dem sie Glückseligkeit besiegt,
und so seh' ich mich mit alten Lasten
konfrontiert,
ein tiefer, festsitzender Schmerz, der sich in
mir verbirgt.

Sich wieder mal wegen seiner Fehler hassen,
ein Tsunami der Melancholie überflutet das
Land,
einen Moment später sich aufraffen,
ein ewiger Kampf, es scheint, er raubt mir den
Verstand.

Doch seh' ich bereits am Himmel die Sonne
scheinen,
ein warmes Licht vertreibt die Geister, die ich
rief,
bleibe auch in diesen Momenten unbesiegt,
und seh' die Glückseligkeit wieder erscheinen.

Danksagung

Ich danke euch,
ihr Leute von damals,
meine Freunde, die ich hatte,
wurd' von beinahe allen enttäuscht.

In meiner schlimmsten Lebensphase,
hätte ich jeden von euch gebraucht'.
Doch David war alleine,
aus Freunde wurden Feinde!

Ohne Max, wäre ich heute sicher nicht mehr
da,
er war mein Halt, obwohl es auch für ihn nicht
einfach war.
Mein Bruder, mein bester Freund,
steh dafür immer hinter dir, bis zu meinem
letzten Tag.

Ich danke euch,
in meiner schwersten Zeit hat mich niemand
von euch verschont,
darum wünsch ich euch vom ganzen Herzen
einmal Depression,
wegen euch, war es mein Blut, was den Arm
runterläuft.

Ich danke euch, dass ich Erfolge nicht mehr
genießen kann,
hab ständig Angst vor dem nächsten Fall,
und der damit verbundenen Frage, ob ich den
Tod noch widerstehen kann.
Ihr seid schuld, wenn ich nicht mehr aufsteh'
nach dem Aufprall.

N7

Sonntagnacht, V Tour, betrunken,
geiles Konzert, auf nach Hause.
Die VRS App hat eine Verbindung gefunden,
die N7, der Grund warum ich nicht nach
Hause laufe.

Was läuft in der Bundesstadt,
im Bahnhofsviertel sind die Leute noch wach,
dachte, hier ist ruhig, keiner da,
blicke mich um, großes Wirrwarr.

Hunderte Menschen, doch wo ist mein Bus,
B1, der Bussteig wo ich hin muss.
Wo bleibt das Teil,
fuhr es bereits an mir vorbei?

Nein. Zu spät, genau wie in Köln,
5 Minuten später, hat mir der Busfahrer die
Tür aufgemacht
Ungewohnt, lauter als auf 'nem Basar,
dachte, ich fahr allein durch die Nacht.

Gegenüber dreht jemand ein Joint,
hinter mir, tun sich Leute an lauter Musik
erfreuen,
wo kommen die her? Bad Godesberg?
Nein, es ist die Dorfjugend, aus Bonn –
Mehlem.

Tagsüber an der Bank,
nachts voll wie Oma's Apothekenschrank,
doch egal, ich liebe es,
ich glaube, hier ist der Ort, der mich wieder
lieben lässt!

Mein Swipestyle

Samstag, 01:03 Uhr, ich bin am swipen,
während andere auf Partys gehen,
tu ich mir deren Profile ansehen,
Face 2 Face tu ich´s zu meist vergeigen.
Nein, ich bin nicht wie die anderen Typen,
ich swipe meistens nach links,
Seh' ich mich als Hauptgewinn?
Oder habe ich nur zu hohe Ansprüche?

Oder keine guten Anmachsprüche?
Baby, du bist vom Himmel gefallen? Na oke...
Du kommst aus Leverkusen? Nä tu mir ein
gefallen...
Da tut ja jedem das Lachen vergeh'n.

-swipe nach links-

Du bist 18 und bildschön,
jedes Wochenende mit Sekt in der Nachtflug?
Komm ich mit meinen Jungs, sagt der
Türsteher nur: Abflug!
Sorry, an dich werd ich mich nie gewöh'n!

-swipe nach links-

Anna, 21, hält sich mit Trainingseinheiten fit,
Ich habe nach 2 Stufen schon n Seitenstich,
Und auch so haben wir gar nichts gemeinsam,
und sie kommt aus Düsseldorf, da bleib ich
lieber einsam.

-swipe nach links-

Schon swipe ich nach links automatisiert,
doch bleib dann hängen bei ihr!
Du magst Hip-Hop und Rap?
Betrunken bist du laut und machst Stress?

Sonntags faul auf der Couch,
freitags noch als letzte in der S3 aufm Zaun,
Seh' ich deine Fotos bin ich am stau'n,
verdammt, du bist echt ein Traum.

-swipe nach rech-

… ach scheiße, hat mich der Wecker geweckt.

Ende.

12 Monate, eine lange Zeit,
dem Tod nah, dem Leben fern,
zu viel Resignation,
zu viele Enttäuschungen.

Meine Stadt verlassen,
mich von meinen Träumen verabschiedet,
ein Leben hinter sich gelassen,
um der Ödnis zu entfliehen.

In 3 Monaten mein Leben neu gestaltet,
losgesagt von negativen Angewohnheiten,
losgesagt von der Vergangenheit,
Architekt neuer Träume.

Den Blick Richtung Sonne,
die Liebe in meinem Herz wiedergefunden,
sie hat die Dämonen verjagt,
und den Hass verband!

Liebe für die Brüder, die mich stützen,
Liebe für eine Mutter, mit dem reinsten Herz
der Welt,
Liebe für die besten Freunde der Welt,
Liebe für die Zeit, die uns bleibt!

Ich liebe euch.

Nachwort, was ich noch loswerden will!

Zum Ende dieser, mir wirklich viel bedeutenden 29 Gedichte, möchte ich noch einige persönliche Danksagungen loswerden.

In aller erster Linie, möchte ich mich bei meinem besten Freund und Bruder Max bedanken. Es ist witzig, 2 Tage bevor ich mich von meiner Ex getrennt hatte, zog er für ein paar Monate bei mir ein. Danke digger für jeden Moment, in dem du für mich da warst, ohne dich wüsste ich nicht, ob ich noch hier wäre. Dafür schulde ich dir mein Leben, ich liebe dich digger.

Einen Dank beziehungsweise eine Entschuldigung möchte ich der besten Mama der Welt hiermit übermitteln, ich weiß es war sehr schwer mit mir, aber ohne dich wäre ich nicht da, wo ich jetzt stehen kann.

An meinen Bruder Sezgin, 54 prozentiger Rum, tief philosophische Gespräche und Spaß, Spaß, Spaß. Geh deinen Weg, mein Bester, meine Tür steht dir immer offen!

An Feli, danke dass wir beide zusammen so genial die Welt hassen konnten. Ich hoffe, alles wird irgendwann gut und wir haben ein traumhaftes Leben.

An Alex M., den verrückten und Zoé, fuck haben wir Scheiße gebaut, immerhin kann ich auch mit einem lächelnden Auge auf die schlechte Zeiten schielen.
An Flo, mit dem ich meine erste Party als Single absolviert habe, der immer ein offenes Ohr für mich hatte.

An Nikki. Ich weiß, dass unsere Freundschaft einer Achterbahn gleicht und dass du es echt anstrengend mit mir hast, aber ich bin froh, dass wir uns nie verloren haben. Danke, dass ich immer auf dich zählen konnte. Du bist echt eine Bank!

An Joey, Alex, Marie und Daniel. Dank euch begann ich wieder, nach vorne sehen. Ich weiß, dass ich oft Scheiße baue und manchmal ein wahnsinniger Idiot bin, aber ihr habt mir Kraft geschenkt, meinen Arsch wieder hochzukriegen.
Zuletzt einen Dank an Saskia. Ich weiß nicht,

ob du dies jemals lesen wirst, ich weiß, auch, dass wir uns sicherlich nie wieder sehen werden, sollten diese Zeilen dich erreichen, mein letzter großer Fehler, den ich begann, war der größte Vertrauensbruch, den man machen kann. Das tut mir sehr leid. Bedenke, auch wenn wir kein gutes Verhältnis haben, dass ich niemanden fremdes über unsere Geschichte urteilen lasse. Alles gute für die Zukunft.

Wenn ich jemand vergessen habe, dann tut mir das leid. Ich hoffe, niemand fühlt sich gekränkt, weil ich ihn nicht erwähnte, es gab ein paar Leute, die mir versucht haben, gut zuzureden, aber die Leute hier haben es wirklich verdient, dass die ganze Welt weiß, was für tolle Menschen das sind, die es geschafft haben einen Typen, der Emotional instabiler als ein Fahrradfahrer auf 4 Promille war, langfristig wieder aufzubauen.

Ohne euch wäre mein Leben nix wert.

David Merten, 365 Tage im Wandel, Bonn am 10.09.2018